BEI GRIN MACHT SICH IHR WISSEN BEZAHLT

AF149141

- Wir veröffentlichen Ihre Hausarbeit, Bachelor- und Masterarbeit

- Ihr eigenes eBook und Buch - weltweit in allen wichtigen Shops

- Verdienen Sie an jedem Verkauf

Jetzt bei www.GRIN.com hochladen und kostenlos publizieren

Hans-Jürgen Borchardt

Neue Wettbewerbsstärken durch Kooperationen entwickeln

Gemeinsam zu neuen Stärken

GRIN Verlag

Bibliografische Information der Deutschen Nationalbibliothek:

Die Deutsche Bibliothek verzeichnet diese Publikation in der Deutschen National-bibliografie; detaillierte bibliografische Daten sind im Internet über http://dnb.d-nb.de/ abrufbar.

Impressum:

Copyright © 2010 GRIN Verlag, Open Publishing GmbH
Druck und Bindung: Books on Demand GmbH, Norderstedt Germany
ISBN: 978-3-656-46686-4

Dieses Buch bei GRIN:

http://www.grin.com/de/e-book/161860/neue-wettbewerbsstaerken-durch-koope-rationen-entwickeln

GRIN - Your knowledge has value

Der GRIN Verlag publiziert seit 1998 wissenschaftliche Arbeiten von Studenten, Hochschullehrern und anderen Akademikern als eBook und gedrucktes Buch. Die Verlagswebsite www.grin.com ist die ideale Plattform zur Veröffentlichung von Hausarbeiten, Abschlussarbeiten, wissenschaftlichen Aufsätzen, Dissertationen und Fachbüchern.

Besuchen Sie uns im Internet:

http://www.grin.com/

http://www.facebook.com/grincom

http://www.twitter.com/grin_com

Neue Wettbewerbsstärken durch Kooperationen entwickeln

Einleitung
Wenn hier von Kooperation gesprochen wird, ist ausschließlich die wirtschaftliche Kooperation, also der freiwillige Zusammenschluss von zwei oder mehreren Partnern gemeint, die zwei Ziele verfolgen:

1. Durch das Zusammenlegen, Kombinieren oder Ergänzen von Einzelleistungen neue Angebote und Leistungen entwickeln. Beispiel: Hand-in-Hand-Handwerker die Komplett-Renovierungen, -Sanierungen, -Modernisierungen,- Notdienste etc. aus einer Hand anbieten.

2. Durch das Bündeln von Interessen/Zielen bessere Ergebnisse erzielen. Beispiel: Einkaufsgemeinschaften.

Dieser Beitrag beschäftigt sich ausschließlich mit der Verknüpfung von Leistungen, also 1.

Situation
Ziel einer jeden Kooperation ist, gleich welcher Art, die eigene Wettbewerbs-situation zu verbessern, ohne dafür (gravierende) Nachteile in Kauf nehmen zu müssen. Jede Kooperation bietet vier Vorteile:

1. Die Erweiterung des Kundenkreises ohne (teure) Werbemaßnahmen durch die Empfehlungen der Kooperationspartner.
2. Die Erweiterung des eigenen Kundenstammes durch das neue, erweiterte Angebot.
3. Die Entwicklung neuer Angebote durch das Verknüpfen der unterschiedlichen Leistungen der einzelnen Partner.
4. Stärkung der eigenen Wettbewerbssituation gegenüber den Konkurrenten, die ohne Kooperationspartner arbeiten.

Auffällig aber ist, dass, je kleiner die Unternehmen sind, desto weniger sind sie in irgendeiner Weise kooperativ verbunden. Die Gründe für diese Zurückhaltung können vielfältig sein, z. B.:

• Man hält das Thema nicht für interessant genug.
• Man hat sich mit diesem Thema bisher nicht beschäftigt, weil die Möglichkeiten nicht ausreichend bekannt sind.
• Man glaubt, der eigene Betrieb sei für eine Kooperation nicht ausreichend attraktiv
• Man glaubt, die eigene Firma sei zu klein
• Man hat sich noch nicht mit der Frage beschäftigt: „Welche Vorteile könnte eine Kooperation mit welchem Partner oder welchen Partnern für mich bringen?"
• Man scheut sich, mögliche Kooperationspartner anzusprechen.
• Man will keine Verpflichtungen eingehen.
• Man glaubt, die eigene Selbständigkeit könnte dadurch eingeschränkt werden.

Da, wie bereits beschrieben, Kooperationen entscheidende Vorteile bieten bzw. entwickeln können, sollten Sie sich folgende Frage stellen: „Kann ich eine wettbewerbsfreie Unterstützung gebrauchen?" Wenn Sie diese Frage mit „Ja" beantworten und eine ebenso einfache wie effiziente Lösung suchen, sollten sie sich folgende Fragen stellen:

1. Mit welchen Anbietern kann ich wettbewerbsfrei zusammenarbeiten?
2. Welche Firmen gibt es, die für eine Kooperation in Frage kommen?
3. Welche der möglichen Firmen sind für mich besonders attraktiv?
4. Welche Gegenleistungen kann ich bieten?
5. Wie sollen die jeweiligen Leistungen verrechnet werden?
6. Wie werden die möglichen Kooperationspartner gewonnen?

In der Praxis könnte das dann so aussehen:

Ein Grafik-Designer, der als Allrounder mit Schwerpunkt figürliches Zeichnen und Fotobearbeitung tätig ist, arbeitet als Alleinkämpfer. Im Laufe der Jahre hat er sich einen kleinen Kundenstamm aufgebaut. Da er aber noch freie Kapazität hat und auch gern mehr Kunden betreuen würde, entschließt er sich Kooperations-partner zu suchen. Er entscheidet sich für diesen Weg, weil keine direkten Kosten entstehen und dieser Ausbau der Wettbewerbsfähigkeit mit keinerlei Risiko verbunden ist. Also beginnt er die folgenden sechs Fragen abzuarbeiten.

1. **Mit welchen Anbietern kann ich wettbewerbsfrei zusammenarbeiten?**
   Er trifft für sich die folgende Auswahl:
   Werbetexter
   Druckereien
   Reprobetriebe
   Messestandbauer
   Eventveranstalter
   Büroausstatter

   Werbetexter sind für ihn die wichtigste Zielgruppe, weil sie im Regelfall mit den ähnlichen Personen auf der Kundenseite zusammenarbeiten wie er selbst.

   Fast ebenso interessant sind Druckereien und Reprobetriebe, weil zu denen oft Kunden kommen, die auch grafische Arbeiten benötigen und sich daher freier Mitarbeiter bedienen, die sie dann entsprechend einsetzen. (Bei den Reprobetrieben verzichtet er darauf, seinen Schwerpunkt „Fotobearbeitung" darzustellen, weil diese Arbeit auch die Reprobetriebe selbst leisten können.)

   Kleinere Messestandbau- und Eventbetriebe beschäftigen –im Gegensatz zu den großen- selten eigene Grafikdesigner. Deshalb ist auch diese Gruppe für ihn interessant.

   Büroausstatter haben zwar selten Kontakt mit den Marketingabteilungen, aber dafür mit dem Einkauf, der in vielen Firmen bei der Vergabe von Gestaltungsaufträgen „ein Wörtchen mit redet".

2. **Welche Firmen gibt es, die für eine Kooperation in Frage kommen?**
   Über die verschiedensten Medien wie Internet, „Gelbe Seiten", Adressbücher etc. werden zunächst einmal so viel Adressen wie möglich von diesen Firmen aus dem Einzugsgebiet gesammelt.

3. **Welche der möglichen Firmen sind für mich besonders attraktiv?**
Nach der generellen Adressensammlung erfolgt jetzt die Auswahl der
Betriebe, von denen man glaubt, dass sie an einer möglichen Kooperation
interessiert sein könnten. Dabei konzentriert man sich zunächst auf
kleinere Betriebe im näheren Umkreis.

4. **Welche Gegenleistungen kann ich bieten?**
Jetzt wird eine Liste über das gesamte Angebot erstellt, das wie folgt
aussehen könnte:
Durchführung aller grafischen Arbeiten sowohl frei Hand als auch über PC,
mit Betonung auf figürliches Zeichnen und Fotobearbeitung per PC.
Gleichzeitig wird darauf hingewiesen, dass für sämtliche Arbeiten vorab ein
verbindlicher Festpreis abgegeben wird. Zusätzlich enthält das Angebot
auch die Zusage, dass auf den Rechnungen ausgewiesen wird, dass die
Nutzungsrechte der Urheberschaft abgetreten werden, sobald diese
bezahlt ist. Ferner wird zugesagt, dass Terminzusagen verbindlich
eingehalten werden.

Diese Informationen, zusammen mit ausgesuchten Referenzen und einer
kurzen Vita stellt er in einer Präsentationsmappe zusammen. Außer den
wenigen ausgesuchten Referenzen gibt es jedoch keinerlei weitere
Informationen über die eigenen Kunden.

5. **Wie sollen die jeweiligen Leistungen verrechnet werden?**
Sinnvoll ist es, primär ein gegenseitiges Leistungs-Verrechnungskonto
anzubieten, weil die Gegenrechnung mit eigenen Leistungen die
wirtschaftlichste Lösung ist. Alternativ muss aber auch die Möglichkeit
bestehen, über Provisionszahlungen abzurechnen.

Wird ein Leistungs-Verrechnungskonto vereinbart, sollte dieses halb- oder
vierteljährlich in Euro abgerechnet werden, wenn innerhalb dieser Zeit
kein Arbeitsausgleich erreicht wird.

Werden Provisionszahlungen vereinbart, muss die Provisionsgutschrift
innerhalb einer Woche nach Bezahlung der Rechnung erfolgen.

6. **Wie werden die möglichen Kooperationspartner gewonnen?**
Die zunächst wahllos gesammelten Adressen aus dem Einzugsbereich
werden in drei Gruppen aufgeteilt,

- Wunschpartner
- Partner 2. Wahl und
- Unternehmen, mit denen man nicht zusammenarbeiten will oder
  kann.

Die Klassifikation kann auf Grund der persönlichen Kenntnisse erfolgen oder
durch Internetrecherche. An Hand des Internetauftritts lässt sich im Normalfall
erkennen, ob ein Unternehmen als Partner in Frage kommt.

Der 1. Kontakt erfolgt telefonisch mit den Inhabern der ausgesuchten Firmen.
Das Gespräch kann in Form einer Frage oder in Form eines Angebots geführt
werden.

Wie immer, wenn zwei selbständige Partner aufeinander treffen, hat jeder seine eigenen Vorstellungen und meistens auch eine sehr ausgeprägte Erwartungshaltung. Deshalb ist es sinnvoll, dass die unterschiedlichen Vorstellungen im Vorfeld sehr ausführlich diskutiert werden. Nur wenn jeder Beteiligte im Detail weiß, was er erwarten kann und was von ihm erwartet wird, können Enttäuschungen vermieden werden. Deshalb sollte immer eine längere Probezeit vereinbart werden.

Sollte eine Zusammenarbeit nicht funktionieren, ist das kein Grund aufzugeben, denn nicht jeder passt zu jedem.

Noch 3 Hinweise:
Die Industrie- und Handelskammern unterstützen die Unternehmen, die Kooperationspartner suchen. So gibt es u. a. auch Musterverträge.

Eine Alternative sind auch die Kooperationsbörsen, die die IHK's anbieten. Hier kann man suchen, ob es Angebote gibt, die in Frage kommen oder selber aktiv werden.

Die IHK's Oberfranken Bayreuth, Darmstadt, München und Oberbayern, Niederbayern, Nürnberg, Rhein-Neckar, Schwaben und Würzburg-Schweinfurt bieten auf ihren Internetseiten den 62seitigen Praxisleitfaden "Kooperationen von Dienstleistern - Erfolgsfaktoren und Stolpersteine" an, der kostenlos down geladen werden kann.

Fazit:
Kooperationen sind, wenn sie funktionieren, eine ideale Ergänzung sowohl zur Stärkung der Wettbewerbsposition als auch ein effizienter Weg zur Erweiterung des Kundenkreises.

Zu beachten ist, dass Kooperationen nicht zwangsläufig erfolgreich sein müssen. Der oder die Partner haben eigene und oft andere Vorstellungen als man selbst. Deshalb ist es wichtig, dass die beteiligten Parteien in den Fragen der Zusammenarbeit die gleiche Zielsetzung kompromissbereit verfolgen.

Hans-Jürgen Borchardt
November 2010